LES NOUVEAUX SAINTS.

Gloria in excelsis Deo !

CINQUIEME EDITION,

Augmentée d'Observations sur le Projet d'un nouveau Dictionnaire de la Langue française, et sur le Dictionnaire de l'Académie.

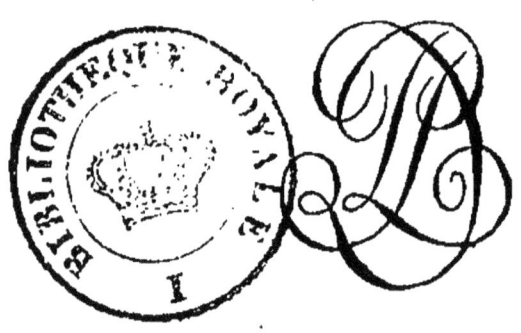

A PARIS,

Chez DABIN, libraire, au bas de l'escalier de la Bibliotheque, Palais du Tribunat.

AN IX. (1801.)

PRÉFACE

DE LA CINQUIEME ÉDITION.

Plusieurs personnes semblent me reprocher d'avoir écrit cet opuscule comme quelques uns ont écrit leurs odes et leurs dythirambes, *sermone pedestri*. La satire peut s'élever sans doute en proportion du sujet qu'elle traite; mais, quand elle fait parler des personnages comiques, il est simple et convenable qu'elle emploie le style de la comédie.

Les maçons qui voudraient rebâtir le temple de Jérusalem sont évidemment de ce nombre; il est pourtant vraisemblable qu'ils ne trouveront pas le mot pour rire en tout ceci. Mais du moins est-il constaté que le public rit volontiers à leurs dépens: ce qu'il fallait et ce qu'il faut encore démontrer.

Une guerre terrible s'alluma, vers le commencement du dernier siecle, entre la foi qui ne raisonne pas et la philosophie qui croit peu. Parmi les successeurs des peres de l'église florissaient, comme on dit, l'abbé Desfontaines, l'abbé Trublet, l'abbé Hayet, l'abbé Patouillet, l'abbé Guyon, l'abbé Nonotte, l'abbé Fantin, l'abbé Sabathier, l'abbé Dinouart, l'abbé Lacoste, et beaucoup d'autres abbés, diacres, sous-diacres, archidiacres, sacristains, marguilliers, bedaux, porte-dieu, les flambeaux de leur siecle, d'ailleurs vivant tous de *la boîte à Perrette*, et par conséquent fort désintéressés sur la question. Du côté des philosophes on ne compte, il est vrai, que Bayle, Fontenelle, Voltaire, Montesquieu, Fréret, Buffon, J. J. Rousseau, Helvétius, d'Alembert, Diderot, Condorcet, Raynal. Les deux armées ne sont pas d'égale force, on le sent bien. La seconde renferme peut-être un peu plus de talents; mais la premiere a beaucoup plus de foi sans contredit. A l'époque actuelle cependant la foi est peu communicative, et les miracles sont fort rares. D'où l'on peut conclure que la cause de la philosophie n'est pas encore désespérée.

Un journaliste très orthodoxe, mais qui n'est pas crédule en tout, n'a voulu croire qu'à une seule édition de cet édifiant ouvrage: la troisieme venait de paraître au moment où il écrivait. Il est donc impossible d'être de son avis, par la raison qu'un et deux font trois : c'est, du moins jusqu'à présent, une vérité mathématique. L'opinion contraire, quoique soutenue par des gens très habiles, de la force du journaliste, n'est, comme on sait, qu'une vérité théologique.

Un second prétend qu'il n'est pas mort; comme si l'on pouvait s'en rapporter à lui sur un pareil fait. Mais, par une contradiction remarquable, quoique vivant, il menace de ressusciter. Si les paris sont ouverts, je parie contre. Il fixe ce grand évènement à l'époque où je donnerai une tragédie nouvelle qu'il nomme *Don Carlos*. Alors........! on sent tout ce qu'il y a d'esprit, de raison, et de justice à décrier plusieurs mois d'avance un ouvrage dont on ne connaît pas un seul mot. Le folliculaire s'étonne beaucoup d'être gratifié d'une belle auréole. Il ne s'attendait pas à devenir un saint. Un saint! pourquoi pas, citoyen Geoffroi? Vous avez lu la Bible. L'âne de Balaam devint prophete. Pouvait-il raisonnablement s'y attendre ? Il est vrai qu'une fois mort, il ne prédit pas sa résurrection.

Le reproche d'athéisme, que m'adressent d'honnêtes gazetiers, exige une réponse un peu plus sérieuse. Les cinq ou six personnages dont il s'agit n'ont rien de commun avec Dieu, et le Dieu des jongleurs n'a rien de commun lui-même avec le Dieu des philosophes. La piece est uniquement dirigée contre une poignée de prêtres ambitieux, avides de trésors et d'empire, contre des Tartuffes plus ou moins intéressés, plus ou moins subalternes, mais qui tous ont déclaré la guerre à la raison humaine. S'il faut les combattre avec courage, s'il faut déclarer franchement qu'une religion dominante est un grand fléau, il est juste de rester en paix avec les tolérants, quelle que soit leur opinion. Les opinions sont le domaine de la conscience ; on ne doit ni les interdire ni les commander ; encore moins les persécuter ou les payer.

Et in terra pax hominibus bonæ voluntatis,

LES
NOUVEAUX SAINTS.

Gloria in excelsis Deo!

Gloire à Dieu dans les hauts! Disons nos patenôtres.
C'est peu qu'un successeur du prince des apôtres,
Dans ses filets vieillis et rompus quelquefois,
Prétende repêcher les peuples et les rois:
Un culte dominant va réjouir la France;
Telle est des nouveaux saints la dévote espérance:
Ils sont nombreux, zélés; ils prêchent des sermons,
Des journaux, des romans, des drames, des chansons.
Nous entendrons encor disputer sur la grace,
Non celle de Parni, de Tibulle, et d'Horace,
Mais celle d'Augustin, la grace des élus,
Qui vaut bien mieux que l'autre, et qui rapportait plus.
Courage, marguilliers; n'entendez-vous pas braire
Les fils, les compagnons de l'âne littéraire?
« Oui, par Martin Fréron, le triomphe est certain,
« Dit Geoffroi; venez tous, héritiers de Martin,
« Et vous sur-tout, Clément, son émule intrépide,
« Philoctete nouveau de ce nouvel Alcide.
« Soyons gais, buvons frais; honneur à tout chrétien!
« Dieu prend soin de sa vigne, et les Débats vont bien.

« La dixme reviendra ; nous en aurons la gloire :
« Vivent les *oremus* et la messe après boire !
« Pour la philosophie, oh ! c'est le temps passé ;
« Grace à Clément et moi, Voltaire est renversé.
« Nous avons longuement disserté sur Alzire,
« Sur Tancrede et Gengis, sur Mérope et Zaïre ;
« On est désabusé de ces méchants écrits,
« Si bien que nos extraits font bâiller tout Paris.
« Rousseau, Buffon, Raynal, vrais fous, prétendus sages,
« Qui du siecle dernier captivaient les hommages,
« Aujourd'hui sans égards vous les voyez traités,
« Réimprimés, vendus, lus, relus, tourmentés ;
« Dans la bibliotheque, aux camps, sur la toilette,
« Par-tout vous les trouvez ; tout passant les achete.
« On ne tourmente pas Guyon, frere Berthier,
« Chaumeix et Patouillet, Nonotte et Sabathier ;
« Ils sont, loin des lecteurs, à l'abri des critiques,
« Gardés avec respect dans le fond des boutiques,
« Ainsi que des trésors, des joyaux précieux,
« Qu'un possesseur jaloux dérobe à tous les yeux. »

De ces grands écrivains imitateurs fideles,
Vous serez conservés auprès de vos modeles.
Croyez, c'est fort bien fait, et propagez la foi ;
Dieu vous gard'. Mais, de grace, ingénieux Geoffroi,
Et vous, léger Clément, pour l'honneur de l'église,
En matiere de foi craignez quelque méprise ;

Tenez, vous croyez vivre ; on s'y trompe souvent:
Vous êtes morts, très morts, et Voltaire est vivant.

Non loin de ces frélons, nourris dans l'art de nuire,
Et corrompant le miel qu'ils n'ont pas su produire,
J'apperçois le phénix des femmes beaux-esprits.
Son libraire lui seul connaît tous les écrits
Dont madame Honesta daigne enrichir la France.
Vous n'y trouverez point cette heureuse élégance,
Cet esprit délicat, dont les traits ingénus
Brillaient dans Sévigné, Lafayette, et Caylus:
C'est un lourd pédantisme, un ton sévere et triste;
C'est Philaminte encor, mais un peu janséniste.
« De la France avec moi le bon goût avait fui,
« Dit-elle; après dix ans j'y reviens avec lui:
« Plaignant du fond du cœur ma patrie en délire,
« J'arrive d'Altona pour vous apprendre à lire.
« J'ose même espérer de plus nobles succès;
« Je voudrais, entre nous, convertir les Français.
« Plus d'un, sans réussir, a tenté l'entreprise;
« Vous n'aviez point encor des meres de l'église.
« Si la philosophie a pu vous abuser,
« Si des noms trop fameux qu'on voudrait m'opposer
« Forment dans la balance un poids considérable,
« Mes trente in-octavo sont d'un poids admirable:
« Pour faire pénitence il faut les méditer.
« J'aurais bien plus écrit; mais je dois regretter
« Quelques beaux jours perdus loin de mon oratoire:
« C'était un vrai roman; le reste est de l'histoire,

« Et de la sainte encor : vingt ans j'ai combattu
« Pour la religion, les mœurs, et la vertu. »

Peste! ce ne sont là des matieres frivoles :
Vous n'êtes point, madame, au rang des vierges folles ;
Vous n'avez point caché sous le boisseau jaloux
La flamme dont le ciel fut prodigue envers vous ;
Mais faisant au public partager cette flamme,
Croyez qu'un ton plus doux lui plairait mieux, madame.
Vous êtes sainte ; eh bien ! chaque chose a son tour ;
Soyez sainte, aimez Dieu : c'est encor de l'amour.
Aux jours de son printemps Magdeleine imprudente
Se repentit bientôt, mais ne fut point pédante ;
Quand elle crut, l'amour fit sa crédulité,
Et toujours ce qu'on aime est la divinité.
Voyez Thérese encor : quelle sainte adorable !
Elle aime, elle aime tant qu'elle a pitié du diable,
Et, pour l'époux divin se laissant enflammer,
Plaint jusqu'au malheureux qui ne peut plus aimer.

« Ah ! vous parlez du diable ? il est bien poétique,
« Dit le dévot Chactas, ce sauvage érotique.
« Neptune approche-t-il du grand saint Nicolas ?
« Les trois sœurs de l'amour avaient quelques appas ;
« Ces beautés cependant sont fort loin d'être égales
« Aux trois hautes vertus qu'on dit théologales.
« Trois, c'est peu, j'en conviens ; mais nous avons aussi
« Sept péchés capitaux bien comptés, Dieu merci.

« De la loi des chrétiens ô bonté souveraine !
« Les païens adoraient aux bords de l'Hyppocrene
« Neuf vierges seulement; nous espérons aux cieux
« En trouver onze mille, et cela vaut bien mieux.
« Rendez le paradis, l'enfer, le purgatoire :
« Voilà le principal; et, quant à l'accessoire,
« Rendez... à dire vrai c'est le point délicat,
« Quelques brimborions, cure, canonicat,
« Evêché bien renté, bonne et grasse abbaye,
« Dixme... il faut, comme on sait, de tout en poésie.
« Tel est le saint traité qu'on peut faire entre nous;
« Sans cela je vous quitte, et c'est tant pis pour vous.
« J'irai, je reverrai tes paisibles rivages,
« Riant Meschacébé, permesse des sauvages;
« J'entendrai les sermons prolixement diserts
« Du bon monsieur Aubry, Massillon des déserts.
« Ô sensible Atala ! tous deux avec ivresse
« Courons goûter encor les plaisirs... de la messe :
« Chantons de Pompignan les cantiques sacrés;
« Les poëtes chrétiens sont les seuls inspirés.
« Près du *Pange lingua* comme on méprise Horace !
« Près du *Dies iræ* comme Ovide est sans grace !
« Esmenard, par exemple, est un rimeur chrétien.
« Homere seul m'étonne : il fut, dit-on, païen;
« Que n'a-t-il sur ses pas trouvé quelque bon prêtre !
« Hélas! monsieur Aubry l'eût converti peut-être.
« Pour vous, Pope, Lucrece, écrivains peu dévots,
« Et vous, mauvais plaisants, poëtes à bons mots,

« Ennuyeux La Fontaine, impertinent Moliere,
« Sec et froid Arioste, insipide Voltaire,
« Les Hurons, gens de goût, ne vous ont jamais lus ;
« Ils m'ont beaucoup formé, je ne vous lirai plus :
« Mais, fille de l'exil, Atala, fille honnête,
« Après messe entendue, en nos saints tête à tête,
« Je prétends chaque jour relire auprès de toi
« Trois modeles divins, la bible, Homere, et moi. »

C'est bien assez de vous ; la bible est inutile,
Homere davantage ; il n'a pas votre style.
Sur-tout de Bernardin copiez mieux les traits ;
Vous ennuyez par fois, et n'instruisez jamais :
Il plaît en instruisant ; son secret est plus rare ;
Il est original, et vous êtes bizarre.

« Soit, répond un quidam ; pour moi je suis abbé ;
« Il s'agit bien de vers et du Meschacébé :
« Laissons tous ces lambeaux d'élégie ou d'églogue ;
« Je ne connais de vers que ceux du décalogue :
« Au fait, en quatre mots ; payez, si vous croyez ;
« Si vous ne croyez pas, en revanche, payez.
« Vous êtes philosophe ; à vous permis de l'être :
« Mais c'est bien votre faute et non celle du prêtre ;
« Et vous l'en puniriez ? le tour est trop méchant.
« Il est dans saint Ambroise un endroit fort touchant.
« Vous ne refusez rien au défenseur impie
« Qui pour vous aux combats n'expose que sa vie !

« Et le ministre saint, qui, tranquille à l'autel,
« Loin du champ de bataille, invoque en paix le ciel,
« Que lui donnerez-vous ? pas une obole : ah ! traîtres,
« Vous aurez des héros, vous n'aurez plus de prêtres !
« Vous n'avez donc jamais senti la volupté
« Qu'inspire un *Te Deum*, quand il est bien chanté ? »

Le *Te Deum* pourtant ne vaut pas la victoire ;
Mais il faut, selon vous, payer pour ne rien croire ?
Non ; tant cru, tant payé : nul au nom de la loi
Ne peut lever sur tous un impôt pour sa foi.
Ainsi par Jefferson l'heureuse Virginie
Des cultes différents vit régner l'harmonie.
J'entends ; vous maigrissez ; les profits ne vont point :
Lambertini pour moi répondra sur ce point.
On ne vit pas souvent pape de son étoffe,
Pape lettré, malin, voire un peu philosophe :
Fléau de Mahomet, ce prophete imposteur,
D'un chef-d'œuvre naissant il fut le protecteur,
Par respect pour Jésus dont il était vicaire.
Des moines un beau jour vont le trouver : Saint pere,
En notre jeune temps le couvent allait mieux,
Dévotes à foison ; mais nous devenons vieux :
On gèle à la cuisine, on jeûne au réfectoire ;
Pour les rosaires, rien ; rien, pour le purgatoire ;
La messe est au rabais ; nous vendons peu d'agnus :
Quant aux enterrements, hélas ! on ne meurt plus.

Ce disant, ils pleuraient, et montraient leur besace.
Par quelques pieces d'or consolant leur disgrace,
Le pontife narquois rit sous cape, et leur dit :
Pour des moines toscans vous avez peu d'esprit ;
Vous vous abandonnez, et Dieu vous abandonne :
Courage ; intriguez-vous ; faites quelque madone.

« Paix là, ne raillez point, s'écrie un court vieillard
« A la voix glapissante, au ton sec et braillard :
« Ne pas croire avec moi des vérités sensibles !
« Moi, le saint pere, et Dieu, nous sommes infaillibles;
« De penser comme moi l'on doit être charmé ;
« D'ailleurs j'ai prouvé tout, c'est-à-dire affirmé
« Dans quinze ou vingt leçons, dans cinq ou six brochures,
« En profond raisonneur, avec beaucoup d'injures.
« Vous doutez, malheureux ! voilà comme on se perd.
« Mais Voltaire, Rousseau, Montesquieu, d'Alembert !
« Quoi ! l'on en parle encore? indociles cervelles:
« Méchants, qui n'aimaient pas les peines éternelles.
« Si j'ai pensé comme eux dans ma jeune saison,
« J'étais comme aujourd'hui certain d'avoir raison :
« Pour eux ils avaient tort, et jusqu'à l'évidence
« J'ai de ces novateurs démontré l'impudence.
« Mais leur philosophie a corrompu les cœurs :
« Un moment ; patience ; ils viendront les vengeurs ;
« Dieu ne laissera plus régner l'esprit immonde :
» Tout est damné, la France, et l'Europe, et le monde:

« Excellente moisson pour les anges maudits !
« Que je sois seulement portier du paradis ;
« Je prétends dire à tous, comme un suisse inflexible,
« Vous venez pour entrer? mais Dieu n'est pas visible ;
« Bon soir; allez rôtir ; c'est pour l'éternité ;
« Le bail est un peu long : j'en suis bien enchanté.
« J'emporterai de plus ma férule, et pour causes ;
« Je prétends avec Dieu causer sur bien des choses,
« Et régenter là haut les habitants du ciel :
« Car je fus ici-bas régent universel,
« Au mercure, au lycée, en pleine académie ;
« Modele en prose, en vers, tout comme en modestie.
« Aimez-vous l'enjouement, les graces, le bon ton?
« Lisez mes deux quatrains sur Voltaire et Tonton.
« Les vers de Colardeau sont doux, mais un peu vuides:
« Voulez-vous des vers pleins? prenez mes héroïdes.
« Lebrun franchit la lice à bonds précipités ;
« Dans mon lyrique essor je marche à pas comptés.
« Ducis a fait pleurer sur les malheurs d'OEdipe ;
« Barmécide paraît : le chagrin se dissipe ;
« Du parterre dix fois j'ai calmé les douleurs ;
« Nul auditeur ne peut me reprocher ses pleurs.
« Thomas, Garat, Champfort, prosateurs misérables :
« Mes éloges, voilà des écrits admirables ;
« Car j'ai loué par fois ; on peut vanter les gens
« Quand ils sont enterrés au moins depuis cent ans.
« Pour mes contemporains, sans user d'artifice,
« J'ai dit du mal de tous; car j'aime la justice.

« L'indulgence est un crime, et je suis sans remords:
« Avant Dieu j'ai jugé les vivants et les morts. »

Il vous en adviendra quelque mésaventure.
O grand Perrin Dandin de la littérature,
De votre tribunal président éternel,
Le public, président du tribunal d'appel,
Par de nouveaux arrêts pourra casser les vôtres,
Et l'on vous jugera, vous qui jugez les autres.
Long-temps, jaloux poëte, aux enfants d'Apollon
Vous avez cru fermer les sentiers d'Hélicon.
Aujourd'hui, nouveau saint, il faut que l'on vous donne
Les clefs du paradis, pour n'ouvrir à personne !
Pierre les gardera, si vous le trouvez bon :
D'un bel ange autrefois l'orgueil fit un démon.
Quel exemple pour vous ! Jusque dans la vieillesse
On tient par habitude aux péchés de jeunesse :
Vous fûtes grand pécheur ; souvenez-vous-en bien ;
Et devenez plus humble afin d'être chrétien.

NOTES.

Oui, par Martin Fréron, le triomphe est certain,
Dit Geoffroi ; venez tous, héritiers de Martin,
Et vous sur-tout, Clément, son émule intrépide, etc.

Les citoyens Geoffroi et Clément, redoutables antagonistes de la philosophie du dix-huitieme siecle. Le premier a traduit Théocrite. Sa mauvaise traduction en prose a rendu plus supportables les mauvais vers de Longepierre. L'autre est connu par des satires sans esprit et sans talent poétique, par une tragédie de Médée justement sifflée, et par neuf gros volumes contre les ouvrages de Voltaire. Ces juges éclairés se font les protecteurs de Racine, qui certes n'a pas besoin d'eux, et qu'ils auraient sottement dénigré s'ils eussent été ses contemporains. Sentent-ils bien le prodigieux mérite de ce premier des poëtes modernes, les hommes qui affectent de méconnaître les beautés enchanteresses de Zaïre et le génie qui a dicté Mahomet ? ignorent-ils, ou feignent-ils d'ignorer que si Racine eût fait la tragédie de Mérope, elle serait comptée parmi ses chefs-d'œuvre ?

Dieu prend soin de sa vigne, et les Débats vont bien.

Le citoyen Geoffroi rédige en partie le journal des Débats. A l'entendre les tragédies de Voltaire sont détestables, Monvel et Talma sont de mauvais acteurs tragiques; la musique d'Euphrosine et de Stratonice écorche ses oreilles.... entieres. Courage, Méhul ! Quand Apollon punit Marsyas, il commença par les oreilles.

On ne tourmente pas Guyon, frere Berthier, Chaumeix et Patouillet, Nonotte et Sabathier.

Ces écrivains ont vécu dans le dix-huitieme siecle : Voltaire certifie leur existence en plusieurs de ses ouvrages.

Vous n'y trouverez point cette heureuse élégance
Cet esprit délicat, dont les traits ingénus
Brillaient dans Sévigné, Lafayette, et Caylus.

Les lettres de madame de Sévigné sont restées modele et modele inimitable. Le roman de la princesse de Cleves, par madame de Lafayette, tient une place honorable à la suite des chefs-d'œuvre du dix-septieme siecle. Madame de Caylus était sans doute fort inférieure aux deux premieres ; mais l'écrit sans prétention qu'elle a composé sous le nom de Souvenirs offre beaucoup d'anecdotes piquantes, et racontées avec grace. Ces femmes charmantes ne faisaient point des livres, de gros volumes sur l'éducation, de longs traités de morale ou de métaphysique, encore moins de la théologie. Avaient-elles trop peu d'esprit, ou seulement un trop bon esprit ?

Mes trente in-octavo sont d'un poids admirable,

y compris *le petit la Bruyere.* L'auteur de cet ouvrage veut bien encourager plusieurs gens de lettres, qui seront peu flattés d'être loués dans un livre où l'on dénigre avec fureur les plus illustres écrivains. Au reste on a le droit d'être difficile quand on compose à la fois des histoires, des caracteres, des romans, un théâtre, le tout pour l'instruction de la jeunesse; quand on réunit en soi Bossuet, Fénélon, la Bruyere, je dirais presque Moliere ; mais c'est un nom si profane ! d'ailleurs les Femmes Savantes ! Tartuffe ! ce ne sont pas là des péchés véniels. Prions Dieu pour l'ame de Moliere.

Ah ! vous parlez du diable ? il est bien poétique,
Dit le dévot Chactas, ce sauvage érotique.

Quelques personnes ont prôné sans mesure le roman chrétien d'Atala ; elles ont placé ce petit ouvrage au-dessus de Paul et Virginie, et de la Chaumiere indienne. Assurément c'était comparer la premiere esquisse d'un écolier aux meilleurs tableaux d'un grand maître. On ne trouve dans ces deux productions pleines de charmes rien qui ressemble aux capucinades de M. Aubry, aux étranges amours de Chactas, à une foule d'expressions plus étranges encore, et à ces amplifications descriptives d'un sauvage qui a fait sa rhétorique. L'auteur d'Atala, en mettant l'amour aux prises avec la religion, croit avoir conçu une idée neuve, et vaincu une extrême difficulté. Pour la nouveauté de l'idée, comment peut-il y croire ? il est peu probable qu'il n'ait pas entendu parler de Renaud et d'Armide, de Roger et de Bradamante, ou même de la tragédie de Zaïre. Quant à la difficulté vaincue, c'en est une sans doute d'avoir trouvé le moyen d'ennuyer avec de si puissants motifs d'intérêt, et dans un roman de deux cents pages. Si l'on en croit l'auteur dans sa modeste préface, il ne lit depuis long-temps qu'Homere et la bible. Tant pis ; il faut varier ses lectures, et ne pas redouter l'excès d'instruction. D'ailleurs c'est en grec qu'Homere a composé ses poëmes immortels ; et quand l'esprit saint a cru devoir dicter la Bible, il n'a pas jugé à propos de la dicter en français. Or il semble que l'auteur d'Atala, projetant d'écrire en notre langue, aurait sur-tout besoin d'en étudier à fond le génie, et de relire encore long-temps les modeles qui ont illustré notre belle littérature. L'auteur médite ce qu'il appelle un grand ouvrage, pour démontrer que la religion chrétienne est essentiellement poétique ; le sujet est bien choisi, et l'ouvrage sera curieux à lire. On pourrait croire au premier apperçu que la mythologie d'Homere, de Virgile, et d'Ovide, est un peu plus favorable à la poésie que les dogmes du christianisme.

L'idolâtrie encore est le culte des arts,

a dit un poëte habile, qu'on n'accusera pourtant pas d'être un esprit fort, un philosophe. Despréaux, poëte plus habile encore, et législateur en matiere de goût, n'était pas infiniment frappé des beautés poétiques du christianisme. Cependant toutes les fictions étant du domaine de la poésie, la religion chrétienne, tout comme une autre, a bien son côté poétique, soit dans le genre sérieux, soit dans le genre plaisant. Parmi les preuves dont l'auteur d'Atala peut appuyer son système, il ne manquera pas sans doute de citer la Jérusalem délivrée, et la Henriade; il n'oubliera point Polyeucte, et d'autres chefs-d'œuvre du théâtre français; il ne faut pas qu'il oublie non plus le divin poëme de l'Arioste, et la Pucelle de Voltaire, ouvrage charmant, ouvrage admirable, mais dont le nom seul alarme aujourd'hui les oreilles pudiques de quelques *dévots de place*. Ils aimeraient peut-être mieux la Pucelle de Chapelain : il est vrai qu'elle est plus catholique.

Esmenard, par exemple, est un rimeur chrétien.

Esmenard, versificateur fraîchement débarqué à Paris. Il travaille au Mercure de France, ce qui a fait tomber les souscriptions. Il n'est pas, comme le marquis du *Joueur*, le maître architriclin des repas, mais il en est le Pindare. C'est dans les soupers qu'il brille. On le sert aux convives avec les glaces et le sorbet. Il improvise à merveille ; il faut seulement avoir la bonté de l'avertir quinze jours d'avance. Il est vrai qu'il improvise de mémoire, ou même le papier à la main. Malgré ces petits défauts dans la représentation théâtrale, l'illusion est parfaite, grace à l'aimable simplicité qui regne en ses odes. Ceux qui sont dans le secret s'étonnent qu'elles ne soient pas improvisées ; ceux qui n'y sont pas les prennent pour des compliments en prose. L'harmonie, la chaleur, l'élévation, le délire, distinguent les vrais poëtes lyriques. On ne peut pas tout avoir : les trois premieres qualités lui manquent sans doute ; mais l'envie elle-même n'oserait lui contester le délire. Au reste son goût est si pur, qu'il ne se permet jamais un trait d'esprit. Cependant, il faut bien en convenir, il n'a jusqu'à présent déployé tout son génie que dans *Le chant du coq*, journal qu'on lisait au coin des rues. Mais un seul chef-d'œuvre assure à Piron l'immortalité : *ainsi soit-il* pour notre Esménard ! *Le chant du coq*, voilà sa MÉTROMANIE.

Soit, répond un quidam ; pour moi je suis abbé.

On fait parler ici l'auteur inconnu d'un ouvrage intitulé, Manuel des Missionnaires. Le saint homme a caché son nom, mais non pas sa robe. Parmi les instructions édifiantes qu'il adresse à ses confreres en jonglerie catholique, apostolique, et romaine, se trouve le passage suivant, qui vaut bien la peine d'être remarqué. « Tous ceux qui « étaient obligés de payer la dixme sont « tenus de contribuer à l'entretien des mi-« nistres de l'autel. Nous n'exigerons pas

« cela sous le nom de dixme, mais nous
« pourrons inculquer avec prudence et
« modération le précepte du Seigneur : *Ita*
« *Dominus ordinavit iis qui evangelium*
« *annuntiant, de evangelio vivere*, et leur
« rappeler qu'ils n'ont que trop éprouvé ce
« que disait saint Ambroise, qu'on donne
« au soldat IMPIE ce qu'on refuse au prêtre
« de Dieu ». Cela s'appelle avoir bien lu
les peres de l'église, et les citer fort à
propos.

Ainsi par Jefferson l'heureuse Virginie
Des cultes différents vit régner l'harmonie.

Jefferson, citoyen de Virginie, est aujourd'hui président du congrès des Etats-Unis de l'Amérique septentrionale. Il a écrit, durant la révolution opérée dans sa patrie, quelques pages remarquables sur la liberté des cultes. Ces pages, dictées par une raison pure et sublime, ont servi de base en cette matiere à la législation de Virginie. Elles doivent être comptées parmi les beaux monuments de la philosophie du dernier siecle.

D'un chef-d'œuvre naissant il fut le protecteur.

Ce chef-d'œuvre est Mahomet que Crébillon n'avait pas voulu laisser passer à la censure. D'Alembert fut moins timide. Voltaire, tourmenté par les intrigants dévots de Paris et de Versailles, dédia sa piece au pape Benoît XIV, Lambertini. Ce souverain pontife, homme de beaucoup d'esprit, accueillit la dédicace.

Aimez-vous l'enjoûment, les graces, le bon ton ?
Lisez mes deux quatrains sur Voltaire et Tonton.

Ces deux quatrains sont adressés à une dame dont le chien s'appelait Tonton : les voici ; on peut les chanter sur l'air, *Réveillez-vous, belle endormie.*

> On dit qu'il faut pour satisfaire
> Votre goût et votre raison,
> Et vous chanter comme Voltaire,
> Et vous aimer comme Tonton.

> Le premier n'est pas peu d'affaire,
> Mais j'ai ma revanche au second,
> Et, si je le cede à Voltaire,
> Je l'emporterai sur Tonton.

Avant Dieu j'ai jugé les vivants et les morts.

La manie de juger ses contemporains et ses rivaux a nui beaucoup au littérateur dont il est ici question. Il s'est permis des décisions tranchantes, magistrales, et d'une rigueur qui avoisine l'injustice, quand elles ne sont pas tout à fait injustes. D'ailleurs le personnage de grand-prévôt littéraire, est toujours un peu odieux, fût-il accompagné d'une vaste gloire : il devient ridicule dans un homme dont la réputation présente tant de côtés faibles. Voltaire lui-même, à la fin de sa carriere, après vingt chefs-d'œuvre dans tous les genres, environné, rassasié d'hommages, s'est bien gardé d'exercer une pareille magistrature: il connaissait trop les hommes et les convenances; il avait reçu de la nature un esprit proportionné à son immense talent. Comment donc un écrivain qui se glorifiait avec raison d'être son éleve n'a-t-il pas imité sa circonspection ? connu sur la scene tragique par des chûtes plus ou moins fortes et des succès plus ou moins faibles, comment n'a-t-il pas craint, en rabaissant les talents de Ducis, de laisser appercevoir une envieuse partialité ? Serait-ce par une suite du même sentiment qu'il n'a trouvé ni éloquence ni philosophie dans les éloges composés par Garat? N'a-t-il pas jugé plus que légèrement Palissot, littérateur si éclairé, qui, dans sa prose élégante, rappelle l'école de Port-Royal, et qui, dans le vers de la comédie, n'est pas inférieur à Gresset ? Enfin n'a-t-il pas eu ses raisons pour affecter de méconnaître le beau talent de Lebrun dans la poésie lyrique ? De tout cela qu'est-il arrivé ? Quelques gens ont traité Laharpe ainsi qu'il a traité ses rivaux. Indulgent pour lui-même et pour lui seul, il s'attribue les qualités qu'il n'a pas ; on lui a contesté celles qu'il possede. Assurément, comme critique, il occupe un rang élevé, quoique son cours de littérature soit beaucoup trop long pour la somme d'idées qu'il renferme. Comme orateur, ses éloges de Fénélon et de Racine sont estimables, quoiqu'il soit très inférieur en ce genre à Thomas, à Garat, à l'abbé Maury lui-même pour l'harmonie, le mouvement, la chaleur ; et non moins inférieur à Champfort pour l'esprit, la finesse, et la précision. Comme poëte, quelques uns de ses discours en vers offrent des tirades heureuses ; l'Ombre de Duclos, des traits piquants ; Tangu et Félime, plusieurs détails agréables. S'il est au-dessous du médiocre dans ses odes, même en y comprenant ses dithyrambes, s'il est froid et sans imagination dans ses tragédies, du moins dans un style plus tempéré, qui par là même lui convient mieux, Mélanie, son plus beau titre de gloire, offre une diction constamment pure, éloquente, et pathétique ; c'est ce qu'il fallait et ce qu'il faut encore se rappeler : mais les déclamations de Laharpe contre des opinions qu'il a professées quarante ans, ses attaques inconsidérées, ses menaces violentes quand il n'attaque pas encore, cette férule qu'il ne dépose jamais, son intolérance littéraire, politique, et religieuse ; voilà ce qui a soulevé contre lui tous les partis, toutes les classes de lecteurs ; voilà ce qui a révolté jusqu'aux hommes qui, malgré la différence d'opinion sur des points importants, étaient le mieux disposés pour lui, qui se faisaient un plaisir de rendre justice à son mérite litéraire, et qui auraient donné l'exemple de respecter sa vieillesse, si lui-même avait su la respecter.

OBSERVATIONS

Sur le projet d'un nouveau Dictionnaire de la Langue française, et sur le Dictionnaire de l'Académie.

L'INSTITUT NATIONAL s'occupe d'un nouveau dictionnaire de la langue française. Des commissaires nommés dans les différentes classes de l'Institut préparent les matériaux de cet important ouvrage. On doit espérer beaucoup du travail de la commission, puisqu'elle compte parmi ses membres le judicieux, l'élégant Daunou; Ginguené, distingué par un goût sévère et par de vastes connaissances; Andrieux, l'auteur des Etourdis, comédie aussi piquante que bien écrite; La Cépéde, le digne éleve de Buffon, et Laplace, qui, dans le Système du monde, a prouvé qu'il possédait l'art d'écrire comme les sciences mathématiques.

De si bons esprits ne se croiront pas sans doute les réformateurs de la langue. Ce fut l'erreur de l'Académie française, quand elle ne possédait encore qu'un seul écrivain supérieur, le grand Corneille, dont elle avait critiqué le chef-d'œuvre. L'erreur même était poussée fort loin. Il s'agissait de supprimer une foule de termes usités, et jusqu'à la conjonction *car*. Saint-Evremond publia dans cette circonstance une petite comédie en vers, intitulée, les Académiciens. C'était le cas ou jamais du *ridiculum acri*. La matiere était riche, mais la piece est pauvre; et la raison en est facile à trouver; Saint-Evremond n'était ni bon poëte, ni bon plaisant.

Moliere, qui était l'un et l'autre, s'est un peu moqué de cette manie dans sa comédie des Femmes savantes. Il y jouait l'hôtel Rambouillet; mais à l'hôtel Rambouillet on faisait la guerre aux mots surannés: aujourd'hui c'est tout le contraire; et beaucoup de gens peut-être ne haïssent, dans les nouveaux mots, que les idées et les institutions nouvelles.

Il faut cependant y prendre garde; tel mot que l'on croit né avec la république française fut contemporain de la monarchie. Qu'on nous passe constitution, ne fût-ce que pour la constitution *Unigenitus*. Tous les jours on use d'adresse ; on envoie des lettres à leur adresse : ne pourra-t-on plus faire une adresse au Peuple français ? Quant à civique, citoyenne, mots que beaucoup de gens voudraient proscrire comme suspects de nouveauté, qu'ils se rassurent ; ce sont de vieux mots. Voltaire, il y a plus de quarante ans, écrivait dans *l'Orphelin de la Chine*,

Vous êtes citoyenne avant que d'être mere.

Voudrait-on interdire les vertus civiques à nos magistrats ? les palmes civiques à nos guerriers ? et n'y a-t-il pas moyen de tolérer ces expressions en faveur de la couronne civique ?

Assurément, lorsqu'on fait ou refait un dictionnaire, ou lorsque dans un ouvrage, quel qu'il soit, on veut être législateur de la langue française, il faut éviter avec soin le néologisme ; mais il ne faut guère moins éviter le ridicule : et c'est à quoi l'on n'a pas toujours songé. L'abbé Desfontaines, par exemple, remarquable par son goût et par ses goûts, ce tant digne prêtre qui se proclamait le défenseur des mœurs et de la religion, ce grand critique, qui dénigrait avec amertume les vers de la Mort de César et d'Alzire, mais qui retrouvait le style de Racine dans la Didon de Pompignan, l'abbé Desfontaines donc publia, vers 1740, un dictionnaire du néologisme. Les deux écrivains spécialement attaqués dans ce pamphlet sont, comme de raison, les deux plus célebres de cette époque, Fontenelle et Voltaire, distingués sur-tout par la politesse, l'élégance, et la pureté de leur diction. Il les blâme, entre autres choses, d'avoir écrit une tête *altiere*, un esprit *conséquent*. Ces expressions étaient et sont restées françaises. Comme le prétendu Quintilien tranchait avec audace et raisonnait mal, on rit aujourd'hui de son ignorance altiere et de son esprit peu conséquent.

Beaucoup plus récemment, le citoyen Laharpe, dans une brochure sur la langue révolutionnaire, a proscrit le verbe fanatiser. Il vaudrait encore mieux anéantir la chose. Je n'examine cependant pas s'il a raison, et c'est le servir à souhait : il aime assez qu'on l'en croie sur parole. Mais il pose une regle générale. La voici : *Aucun adjectif en ique ne peut produire un verbe en iser.* La décision est tranchante, ainsi qu'il convient au maître. Il ajoute : *notre langue le prouve par le fait.* Malheureusement le maître a tort et sur le fait, et par conséquent sur l'axiôme. Ne peut-on le lui démontrer par un genre d'argument que l'on appelle *ad hominem ?* ne peut-on lui dire :

 Si par une muse électrique
 L'auditeur est électrisé,
 Votre muse paralytique
 L'a bien souvent paralysé.
 Mais quand il est tyrannisé,
 Par fois il devient tyrannique;
 Il siffle un auteur symmétrique ;
 Il rit d'un vers symmétrisé,
 D'un éloge pindarisé,
 Et d'une ode anti pindarique.
 Vous avez trop dogmatisé :
 Renoncez au ton dogmatique ;
 Mais restez toujours canonique,
 Et vous serez canonisé.

Ce petit impromptu, fait sans loisir,

pourra trouver grace aux yeux du citoyen Laharpe ; car les vers en sont presque aussi bien tournés que ceux des Commandements de Dieu et de l'Eglise. Mais laissons l'abbé Desfontaines et le citoyen Laharpe. Revenons aux dictionnaires.

Ce fut en 1656 que Pascal, qui ne fut point de l'académie française, fixa notre langue dans ses admirables Lettres provinciales. Le Dictionnaire de l'Académie ne parut qu'en 1694. Avant cette époque Corneille, Racine, Boileau, Moliere, La Fontaine, Bossuet, Fénélon, avaient publié tous leurs chefs-d'œuvre ; Fléchier, ses Oraisons funebres ; La Bruyere, ses Caracteres ; Quinault même, ses Opéra. On peut répondre que Vaugelas, en 1647, avait donné ses Remarques sur la langue. Mais si

Vaugelas n'apprend point à bien faire un potage, il n'enseigne pas plus l'art d'écrire. Ni lui, ni l'abbé de Dangeau, ni aucun puriste de profession jusqu'à nos jours inclusivement, n'a enrichi la littérature, je ne dis pas d'un excellent ouvrage, mais seulement d'une page excellente. Ils ressemblent tous à l'abbé d'Aubignac, qui croyait avoir donné des lois aux poëtes tragiques ; il voulut passer du précepte à l'exemple, et composa en mauvaise prose la plus mauvaise tragédie qui ait jamais paru. Les vrais grammairiens, Condillac et Dumarsais ont composé des ouvrages utiles et d'un mérite éminent ; mais c'étaient des esprits *philosophiques* ; car je ne pense pas que ce mot soit encore supprimé, comme sentant la révolution. Ils appliquaient à la grammaire une analyse fine et profonde ; à cet égard, comme en tout le reste, ils n'avaient rien de commun avec les *jurés peseurs de diphtongues.*

Si le Dictionnaire de l'Académie n'a pas influé sur les chefs-d'œuvre du dix-septieme siecle, assurément dans le dix-huitieme il n'a pas augmenté d'influence. On ne l'a pas plus consulté pour écrire l'Esprit des lois, le Siecle de Louis XIV, Émille, l'Histoire naturelle, que le Dictionnaire des Rimes, pour mettre en vers Mahomet, la Pucelle, le Méchant, ou la belle traduction des Georgiques.

En général c'est après et d'après les bons

écrivains qu'ont été composés les meilleurs dictionnaires ; mais un dictionnaire, si bon qu'il soit, n'a jamais produit ni guidé un bon écrivain. C'est donc aux écoles publiques, aux jeunes gens, aux étrangers, que l'Institut national peut rendre un important service, non pas en retouchant le Dictionnaire de l'Académie, mais en rédigeant un nouveau Dictionnaire qui soit conçu avec méthode, qui présente des définitions claires et précises, l'étymologie, les racines des mots, et des exemples habilement choisis dans les auteurs classiques, depuis Malherbe jusqu'à Voltaire, depuis Pascal jusqu'à Buffon. L'excellent Dictionnaire italien de l'Académie *della Crusca* offre un modèle en ce dernier point.

Ce n'est pas sur ce plan qu'est rédigé le Dictionnaire de l'Académie française. Pour mieux dire, il est remarquable par l'absence de plan ; point d'étymologies ; nulle clarté dans les définitions; des rédactions vagues, incompletes ; quant aux phrases composées tout exprès pour faire autorité, elles fournissent presque toujours des exemples de mauvais style, souvent des modèles de ridicule.

Ce travail malheureux est digne en tout sens du mépris qu'il inspirait à Voltaire dans les derniers temps de sa vie. Et qu'on n'appelle point au secours d'un pareil ouvrage tous ces grands écrivains, tous ces classiques fameux qui ont fait la gloire de l'Académie, parcequ'ils y ont apporté leur gloire. Ils sont innocents du dictionnaire. L'ouvrage appartient tout entier à la foule des *immortels* de profession. Les noms de la plupart sont restés ensevelis dans le recueil poudreux des harangues académiques : quelques uns, tristement célebres, ne sont connus de la postérité que par les satyres de Boileau.

FIN.

www.ingramcontent.com/pod-product-compliance
Lightning Source LLC
Chambersburg PA
CBHW060523050426

42451CB00009B/1134